PROCÈS-VERBAL

De la Fête Funéraire en mémoire des Plénipotentiaires français, assassinés à Rastadt, célébrée, le 20 Prairial, dans la commune de Poitiers.

A six heures du matin une salve d'artillerie a ouvert cette journée; un coup de canon a été tiré de demi-heure en demi-heure jusqu'à midi; à onze heures toutes les Autorités civiles et militaires réunies à la Maison commune, en sont parties pour se rendre à la Salle décadaire, lieu destiné à la cérémonie; la musique exécutait une marche funèbre opérée dans le meilleur ordre et dans le plus profond silence; chaque Fonctionnaire public portait un crêpe au bras et une branche de cyprès à la main; tout avait l'empreinte de la douleur; le roulement lugubre des tambours, le son aigu des trompettes y ajoutaient encore; un drapeau noir porté par un ancien Militaire précédait.

A

Les Citoyens et Citoyennes remplissaient la Salle, où des draperies tendues sur toutes les croisées ne laissaient pénétrer qu'une faible lumière s'éclipsant à la lueur des torches de la vengeance qui éclairaient l'enceinte ; le siége du Président, les places des Autorités constituées, les tribunes étaient couverts de noir et de guirlandes de cyprès.

Au milieu de la Salle s'élevait le catafalque sur une estrade dont la forme était un carré long et dans le goût antique; le plafond de l'estrade pavé à la mosaïque en carreaux blancs et noirs, ayant sur chacune de ses faces trois marches de marbre gris veiné, se terminait aux angles à des socles de marbre blanc, ornés de panneaux noirs : sur les panneaux extérieurs étaient des flambeaux renversés; sur les intérieurs étaient attachées à des boutons dorés des guirlandes de cyprès. Sur ces socles des candélâbres antiques portaient des torches ardentes de la vengeance ; au pourtour de chaque socle étaient des guirlandes de cyprès attachées avec des draperies funèbres. Un socle ou surbaissement de forme très-simple de marbre gris et blanc d'ordre toscan présentait des inscriptions en bronze doré ; sur la face en entrant : *Vengeance !* Sur la face du côté de la tribune : *Ils offraient l'olivier, et les tyrans ont présenté le poignard.* Sur la face suivante : *Vengeance !* Sur celle vis-à-vis le Président : *Tyrans, voilà votre crime ; c'est l'humanité que vous avez assassinée, c'est la paix que vous avez égorgée.* Au-dessus de ce socle était un grand piédestal porté par des globes, peint en marbre gris veiné, et surmonté à son couronnement de marbre blanc ; les quatre faces étaient ornées de chutes de cyprès ; sur la première on lisait : *L'Autrichien a brisé l'olivier de la paix.* Une branche d'olivier peinte était brisée en plusieurs endroits. Sur la seconde, l'Humanité couchée sur des débris semblait respirer à peine. Sur la troisième, au-dessus et au-dessous d'une coupe remplie de sang qui se répandait, était écrit : *L'Autrichien s'est abreuvé de leur sang.* Sur la quatrième, la Paix dans l'attitude d'une femme qui vient de recevoir un coup mortel, les cheveux épars, la couronne d'olivier tombée, se soutenait d'une main sur des rochers qui allaient s'écrouler, et de l'autre elle se couvrait

A ij

le visage de son voile. Des guirlandes de cyprès enlacées aux couleurs nationales formaient des festons funèbres autour de la base de ce piédestal.

Quatre acrotères de marbre noir veiné soutenaient deux sarcophages de porphire oriental, ornés de tables saillantes et surmontés d'un amortissement terminé par un petit socle. Sur ce socle au-dessus de chaque tombeau s'élevait une urne lacrymatoire; au-dessus de ces urnes brillaient deux couronnes d'immortalité composées d'étoiles. Sur un des tombeaux était écrit : *Aux mânes de Roberjot assassiné;* sur l'autre : *Aux mânes de Bonnier assassiné.*

Sur les marches de l'estrade, en face de la porte d'entrée et sur celles opposées, était une masse carrée de marbre noir veiné de blanc, portant des réchaux et leurs cassolettes; des Vestales voilées y faisaient brûler des parfums. Sur les autres faces d'autres masses soutenaient des vases de fleurs que des Vestales habillées de blanc et couvertes d'un crêpe répandaient sur le monument funèbre. Aux angles des piédestaux tenant à l'estrade étaient de jeunes

Citoyens dans l'attitude de la douleur. En face du Président, deux Licteurs, dont les faisceaux étaient voilés de crêpes, se groupaient au vénérable Militaire qui portait le drapeau noir, sur lequel était écrit : *Vengeance! Vengeance!*

Ce mausolée avait été élevé sur les dessins du Citoyen *Pagès*, Professeur de dessin à l'École centrale de ce Département et exécuté par lui. Le C.en *Lomdé*, Administrateur municipal, était chargé de l'ensemble de la fête.

La musique ayant versé la douleur dans l'ame de tous les Citoyens présens, le Citoyen *Bourgeois*, Président de l'Administration municipale, a dit :

Aujourd'hui, Citoyens, la France accablée de douleur, enveloppée, ensévelie sous un crêpe funèbre, se réunit dans les Temples pour rendre au ciel et à la terre l'expression de sa douleur et de son désespoir.

Oh! combien sont amères les larmes que nous arrache le dernier attentat de l'Autriche ! — Implacable ennemie du genre humain, jamais elle ne chercha qu'à bouleverser la terre. Il n'est rien qu'elle n'entreprene; rien ne pourra lui coûter pour éloigner, pour détruire tout moyen de rapprochement entre les Nations que sa politique machiavélique a su diviser. Victimes elles-mêmes de la plus noire perfidie, elles désavoueront, elles frapperont de l'exécration publique l'horrible forfait que nous venons ici déplorer.

Eh! qui pourrait méconnaître, qui pourrait ne pas exécrer le monstre qui depuis des siècles, et particulièrement depuis notre glorieuse révolution, s'abreuve de sang humain!

Lui seul a rompu le congrès, et que pouvait faire de plus l'ennemi obstiné de la paix générale, si non d'exterminer les Pacificateurs?

Fidèle à ses principes, l'Autriche, l'infâme Maison d'Autriche en a donné l'ordre barbare.

Des assassins soudoyés se sont empressés de le mettre à exécution.

Bonnier et *Roberjot*, vos intrépides Plénipotentiaires à Rastadt, sont tombés sous le fer des bourreaux. — A travers mille dangers, à travers mille morts, couvert d'honorables blessures, *Jean Debry* n'a échappé à leur furie que par un vrai prodige.

Français, Nation hospitalière, brave autant que généreuse, hésiteriez-vous un instant à venger l'attentat le plus inouï?

Pures de toute iniquité, vos mains innocentes, vos bras nerveux, vos baïonnettes invincibles s'empresseront d'éteindre dans le sang des coupables, le souvenir d'une cruauté qui n'eut jamais d'exemple chez aucun peuple civilisé. — Déjà nos phalanges républicaines ont immolé les complices de *Szeklers*; déjà, dit-on, le farouche Major de ces hussards meurtriers est en leur possession.

Bientôt après avoir soumis une seconde fois le Pô et le Danube, elles iront à Vienne renverser le trône du plus féroce des tyrans.

Vengeance! ce seul sentiment doit pénétrer nos ames!

Vengeance! ce seul desir doit enflammer nos cœurs! — Vengeance! est le mot unique que nos lèvres désormais doivent proférer.

Vengeance! que ton idée soit pour notre désespoir un aliment toujours croissant : arme pour notre défense le ciel et la terre; prête-nous les traits irrésistibles qui doivent à jamais percer le flanc des assassins; qu'ils passent comme une ombre vaine, sur la terre qu'ils souillent de leur présence et de leurs crimes!

Que l'enfer, que les furies saisissent leur proie, et que nos triomphes fassent à jamais leur honte et leur désespoir!

Quoique pénétré de la plus vive indignation, je m'arrête, Citoyens, parce qu'il n'appartient qu'à des orateurs énergiques de vous peindre les scènes atroces et sanglantes de l'assassinat commis à Rastadt. Plusieurs vont vous en entretenir, et à cet effet, je vous invite à les entendre dans le silence le plus religieux.

On a chanté ensuite l'hymne suivant, parole du C.en *Gibault*, Profess. à l'École centrale :

Air : *Déesse d'un peuple intrépide.*

VENGEANCE apprête tes supplices :
Sortez spectres de vos tombeaux ;
Du fond de vos noirs précipices
Venez déchirer des bourreaux.
Aimable paix, sur ta robe sanglante,
On voit écrits les crimes des tyrans ;
Droits foulés, justice expirante,
Ranimez-vous à nos accents :

Mineur. Les hommes qui portaient l'olive,
Ils ont expiré sous leurs coups ;
Entendez leur ombre plaintive :
Vengeance ! Peuples armez-vous.

Mortels, une éternelle guerre
Va donc déchirer l'Univers !
Faut-il abandonner la terre
Aux rois, aux tigres des déserts,
On offre en paix au noir antropophage
Le calumet (*), symbole révéré ;
Mais à l'autrichien sauvage......
Fuyez....le monstre est altéré.

Mineur. Les hommes, etc.

(*). *Signal de la paix.*

Aux rois la fortune incertaine
N'osait retirer ses faveurs ;
Mais leur crime a forcé sa haine,
Ils sont seuls avec leurs fureurs.
Sur les tombeaux de leur double victime,
Peuples, offrez de lugubres présens ;
Apportez-y l'horreur du crime
Et les derniers pleurs des tyrans.

Mineur. Les hommes qui portaient l'olive,
Ils ont expiré sous leurs coups ;
Entendez leur ombre plaintive :
Vengeance ! Peuples armez-vous.

Portons la guerre et la victoire
Dans leurs états épouvantés ;
Qu'on lise, en frémissant, l'histoire
Des coups que nous aurons frappés.
Hongrois courbés, soyez ce que nous sommes,
Vous, que l'Autriche enchaîne à ses destins,
Rougissez si vous êtes hommes
D'obéir à des assassins.

Mineur. Les hommes, etc.

En proie à l'impuissante rage,
Ils sont battus par leurs forfaits ;
Nous avons pour nous le courage,
La justice et le nom Français.
Quittez enfin votre vieille indolence,
Serfs malheureux du Danube et du Rhin,

Suivez-nous; vengeance! vengeance!
Nous marchons contre un assassin.

Mineur. Les hommes qui portaient l'olive,
Ils ont expiré sous leurs coups;
Entendez leur ombre plaintive:
Vengeance! Peuples armez-vous.

Sur les couleurs de ta Patrie,
Mon fils, vois ces crêpes épars;
Va, de son atroce furie
Punis le dernier des Césars;
Quoi, tu verrais dans un lâche silence,
Sur toi, sur nous fondre ces meurtriers!
Si tu ne cours à la vengeance,
Attends des fers dans tes foyers.

Mineur. Les hommes, etc.

Précédez-nous, ombres chéries,
Jouez-vous dans nos étendards;
Soyez nos guides, nos génies,
Brisez avec nous leurs remparts;
Laissez mûrir ces moissons jaunissantes,
Ces champs féconds, et que seuls leurs tyrans,
Levant vers vous des mains tremblantes
Tombent sous leurs trônes fumans.

Mineur. Ah, puissent leurs sujets timides
Échapper à nos justes coups!
Mais qu'ils meurent les homicides.
Vengeance! Peuples armez-vous.

Le C.en *Dassier*, Commissaire du Directoire exécutif près l'Administration municipale, a monté à la tribune, et là, au milieu d'un morne silence, une branche de cyprès à la main, il a dit :

Quel est donc cet appareil sombre et lugubre ? Pourquoi ce mausolée, ces lampes sépulcrales, ces urnes funéraires, cette coupe ensanglantée, cet olivier brisé, la nature voilée, l'humanité en larmes, les flambeaux de la Philosophie et de l'Éloquence éteints et renversés ? Pourquoi le cyprès s'élève-t-il dans cette enceinte aux lieux mêmes où nous décernions, il y a dix jours, les palmes de la Victoire et de la Reconnaissance aux braves Défenseurs de la République ? Pourquoi le crêpe enveloppe-t-il cette tribune du haut de laquelle ma bouche faible interprète de votre cœur, rappelait avec un souvenir bien doux les triomphes de nos armées, et payait avec tant de plaisir aux vainqueurs du Rhin, du Pô, du Tibre et du Nil, le tribut d'une ame reconnaissante et sensible à la gloire de son pays ? Pourquoi ces chants funèbres, cette harmonie triste et plaintive ? Pourquoi ce deuil qui m'environne ? mes yeux interrogent tout, tout m'annonce la douleur et la désolation. Je ne vois que l'image de la mort ; je n'entends que le silence des tombeaux. La République est-elle détruite, la Patrie est-elle retombée dans les fers? Non, non, mais ses Plénipotentiaires ont été égorgés. La guerre a-t-elle dévoré nos armées entières? Non, non, mais nos Ministres de paix ont été égorgés. Le poignard des assassins a rouvert le Temple de Janus; et ces hommes sacrés qui travaillaient à le fermer pour toujours, ont été frappés de ce poignard sur le seuil même du Temple de la paix. Il fallait au monde un crime nouveau, et c'est à la Maison d'Autriche qu'il était réservé de le commettre. Son chef féroce, ce roi dévôt, du pied des Autels commande le meurtre et l'assassinat. Vaincu, tremblant au bruit de nos armes victorieuses, il implore notre générosité, il appele des Ministres pour négocier la paix..... Il les fait égorger. Est-ce donc ainsi qu'on se joue des droits des Nations? Est-ce donc ainsi qu'on outrage un peuple libre dans la personne inviolable de ses Ministres? En vain des rois complices de ce crime inouï viennent en protéger l'auteur; la justice éternelle doit triompher d'une association de brigands violateurs des traités, et ligués pour se partager la terre. En vain les bourreaux se sont enveloppés des ombres de la nuit, le jour les a découverts au monde entier : oui, tous les Peuples seront instruits de cet horrible attentat au droit des gens. Qu'ils mettent en parallèle la loyauté républicaine avec la parole d'un roi, pourront-ils hésiter dans leur jugement? Et vous, Citoyens, et vous qui, au milieu de cette pompe funèbre, rendez aux cendres de *Bonnier* et de *Roberjot*, un hommage de douleur et de reconnaissance ; représentez-vous ces illustres victimes, après tant de travaux où ils eurent à lutter contre la mauvaise foi, la perfidie et à vaincre tous les dégoûts retenus prisonniers dans Rastadt, dans ces murs où ils s'étaient dévoués à donner le repos à l'Europe, et à éteindre à jamais les torches de la guerre ; représentez-vous les condamnés à partir dans les vingt-quatre heures, assaillis ensuite par une troupe d'assassins, arrachés de leurs voitures et massacrés dans les bras de leurs épouses et de leurs enfans ; peignez-vous ces scènes d'horreur et de pillage que le caractère auguste de Plénipotentiaires aurait dû détourner, la douleur ne sera pas le seul tribut que leurs cendres attendront de vous : vous leur devez une manifestation solennelle des sentimens dont vous êtes émus, *Vengeance ! Vengeance !* Que ce cri retentisse au fond de leur tombe ; qu'il les avertisse que la République se lève encore toute entière ; que son sein a produit de nouveaux soldats, et que nos armées ont repris la foudre qu'elles avaient déposée. Ce ne sont plus trois hommes que l'Autriche a assassinés, c'est la nation, c'est l'humanité. Vienne, cour exécrable, c'est toi qui vas encore inonder l'Europe de sang : c'est toi qui, sous des apparences d'amitié, as tramé la désorganisation sociale ; c'est toi qui méditais à l'abri des préliminaires de Léoben, l'asservissement des Français qui avaient eu la générosité de te laisser le diadême et d'aggrandir ta puissance en t'appelant au partage de l'empire des mers ; c'est toi qui as soulevé le nord contre le midi. Tremble, tyran d'Autriche, tremble une seconde fois dans ton palais; nos légions connaissent les chemins qui y conduisent, les mânes de *Bonnier* et de *Roberjot* marcheront devant elles; ils épouvanteront tes hordes; ils enchaîneront la Victoire à nos drapeaux. Puissent tes peuples, fidèles imitateurs des Hélvétiens, briser le joug odieux que tu leur as imposé! Puissent les rois qui se disent tes amis, t'arracher le sceptre et te traîner captif, comme tu as toi-même dépouillé le roi de Pologne! Puisse-tu, moderne Balthasar, lire sur tous les murs ta condamnation! Puisse-tu voir sans cesse sur tes habits les gouttes du sang de nos trois Ministres! Pour ton éternel supplice, puisse ce sang que tu as si cruellement versé, rougir tout ce que tu toucheras! Puissent toutes les Nations bien convaincues de cette grande vérité: *qu'elles seront dans le fers, si jamais nous sommes asservis*, s'armer contre les oppresseurs du genre humain et commencer leur triomphe par ta chute! Puisse Barbatzy lui-même t'accuser à la face de l'Univers! Puissent tous les Français se réunir pour venger une injure commune et se pénétrer enfin qu'il ne s'agit plus ni d'un parti ni d'un autre, mais qu'il s'agit de l'intérêt général, de l'honneur de la Nation française! Alors, honorables victimes, vous vous applaudirez d'avoir, du sein des morts, donné le signal de la victoire, de la punition des tyrans, et sur-tout de la concorde et de l'union entre vos compatriotes; vous tressaillirez en les entendant tous prononcer d'un accord unanime ce cri terrible : *Vengeance ! vengeance ! guerre au tyran d'Autriche.*

Le même Orateur a donné lecture de l'ode suivante, du Citoyen *Fremont*, Professeur à l'École centrale :

ODE

A NÉMÉSIS,

Sur le massacre des Plénipotentiaires français à Rastadt.

Si natura negat, facit indignatio versum. . . . Juv.

Quitte les bords du Styx, implacable Déesse
Dont le Destin fit choix pour punir les pervers :
Allume au Phlégéton ta torche vengeresse,
   La Justice t'en presse,
Des forfaits inconnus ont souillé l'Univers.

Je la vois.... ses serpens sur son sein se hérissent,
Ils poussent, en grinçant, leurs perçans sifflemens :
De lugubres clameurs les cités retentissent,
   Les scélérats pâlissent
A l'aspect du tartare et de ses châtimens.

Dans les champs de Rastadt elle entrouvre l'abîme,
Près de ces murs plaintifs et dans le deuil plongés :

Là, ses premiers regards se portent sur le crime
    Dont furent la victime
Des Ministres de paix lâchement égorgés.

Le sang de Roberjot ruisselle sur la terre,
Son épouse en est teinte ; immolé dans ses bras
Vainement il réclame un sacré caractère ;
    Le cruel cimeterre
Soudain lui fait sentir les horreurs du trépas.

Près de lui sont épars les déplorables restes
De Bonnier, comme lui, franc, plein de loyauté:
Échappé, demi-mort, Debry, tu nous attestes
    De ces complots funestes
Le criminel succès comme l'atrocité.

Szeklers, horde féroce et de carnage avide ;
Quelle rage arma donc tes sacriléges mains ?
Ou plutôt, quel tyran: quel monstre parricide
    Dicta l'ordre perfide
De profaner des droits chers à tous les humains ?

———

(*) François, à ce forfait qui peut te méconnaître ?
Ton grand art n'est-il pas d'opprimer, de trahir ?
Dans tes veines toujours coula le sang d'un traître,
    Tu n'as cessé de l'être ;
Tes illustres aïeux n'auront point à rougir.

_____

(*) L'Empereur.

            Charles

Charles, ton digne agent, vainement dissimule;
En vain s'efforce-t-il de paraître irrité:
Il n'abuse personne, et l'Europe incrédule,
    Dans ce jeu ridicule,
Ne voit qu'un scélérat sûr de l'impunité.

Il ourdit, de sang froid, cette trame cruelle,
Tandis que, dans le choc de ses dissensions,
La France, au droit des gens, toujours resta fidelle !
    A-t-il donc appris d'elle
A rompre, sans pudeur, les nœuds des Nations ?

Depuis ce Charles-Quint, dont la rage effrénée
De nos Ambassadeurs osa percer le flanc,
La criminelle Autriche, à l'Europe étonnée,
    Se montre destinée
A placer la vertu, le crime au même rang.

Tremble, prince inhumain, la vengeance s'apprête;
Némésis, à la fin, sur toi fixe les yeux :
Elle brandit sa torche ; une affreuse tempête
    Va fondre sur ta tête,
Et de tes attentats disculpera les Dieux.

A leurs voix nos guerriers vont s'armer de la foudre,
Ils briseront ton sceptre, ils saisiront ton or :
Dans ses murs désolés, fumans, réduits en poudre,
    Il faudra t'y résoudre,
Vienne verra flotter l'étendard tricolor.

           B

Les Musiciens ont exécuté un air funèbre et le Citoyen *Fradin*, Professeur d'Histoire à l'École centrale a monté à la tribune. Plein d'une énergie républicaine et du feu de la Liberté, dans les transports d'une juste indignation, il a versé son ame dans l'ame des Auditeurs, en disant :

CITOYENS,

L'assassinat des Plénipotentiaires français à Rastadt n'est que le complément de cet affreux système de barbarie dont les Empereurs d'Allemagne ont tant de fois épouvanté l'Europe. Il est le résultat de cette politique machiavélique qui compromet sans pudeur toutes les bienséances, qui viole tous les traités, qui sacrifie tous les intérêts publics aux passions désordonnées de quelques despotes sanguinaires. Il est pour les peuples encore esclaves un nouveau motif de se défier de leurs maîtres; et pour les Nations libres une nouvelle obligation que leur propre sûreté leur impose de se tenir exactement en garde contre les machinations de la tyrannie.

Eussiez-vous jamais cru, Français qui m'entendez, qu'au milieu des lumières du 18.ᵉ siècle, que dans un temps où la philosophie dissipant les ténèbres d'une ignorance superstitieuse sonne partout la dernière heure du despotisme, un de vos ennemis pût avoir assez d'audace pour commander l'égorgement de vos Ministres! Eussiez-vous jamais cru qu'un tyran auquel, malgré tous ses crimes, une Nation généreuse s'empressait encore de pardonner, eût osé, dans sa fureur délirante, porter une main sacrilége sur ses Représentans! Non, Français, ce forfait est inouï dans l'histoire des peuples policés et sauvages. Si nous en exceptons ces temps malheureux de l'ancienne Grèce, où l'acharnement de deux peuples rivaux, envenimant la guerre horrible du Péloponnèse, leur fit respectivement commettre tous les genres de cruautés, on trouve difficilement ailleurs aucune trace d'une aussi étrange barbarie. Les Scythes, les Indiens, les Massagètes respectèrent les Ambassadeurs d'Alexandre, lors même que ce conquérant impérieux voulait les soumettre à son joug. Les Abares et les Turcs, nations sauvages des climats glacés de la Tartarie, respectèrent les envoyés de Justinien, quand l'empire de Constantinople s'écroulait de toutes parts. Le roi des Hérules, vainqueur de la superbe Rome, ne versa pas le sang d'Augustule. Il était réservé au moderne Tibère de l'Autriche de souiller les annales du monde d'un trait de lâcheté que lui pardonneraient à peine les antropophages.

Déroulons, Citoyens, cette longue série de forfaits que les tyrans de Vienne ont présenté successivement à l'indignation publique. Esquissons l'affreux tableau des meurtres, des perfidies, des trahisons que l'humanité leur reproche et qu'une affreuse politique a consacré. Osons aborder le théâtre où tant de siècles d'horreurs produisirent tant de révolutions meurtrières. L'histoire des successeurs de Charlemagne est, peut-être, de toutes les chroniques du monde celle dont un homme de bien peut soutenir plus difficilement la lecture ; à chaque page il est effrayé, consterné, suffoqué d'indignation ; chaque changement de dynastie, que dis-je, chaque révolution annale présente à ses yeux étonnés de nouveaux actes de barbarie et d'injustice ; par-tout il voit ces monstres couronnés régner par la terreur et l'effroi ; se rassasier de combats ; faire la guerre à leurs peuples et aux étrangers ; employer la corruption quand ils n'ont pu se faire craindre ; mettre à profit pour réussir dans leurs projets ambitieux, tout ce que la ruse, la force, les sermens, les intrigues, les caresses pouvaient leur suggérer d'expédiens honteux ; favoriser les séditions, diriger le plan des révoltés, perdre le peuple par les grands, les grands par le peuple ; les catholiques par les protestans, les protestans par les catholiques, et se jouer ainsi dans les calculs d'une politique insidieuse et barbare, de toutes les vertus et de tous les principes. Là, c'est un Othon II qui se rend à Rome pour comprimer les nouveaux efforts de la liberté, qui invite à un repas les principaux Citoyens de la ville et les Députés de toute l'Italie, et les fait lâchement assassiner au milieu du festin par une soldatesque apostée. Là, c'est un Othon III qui, après avoir traité avec Crescence, s'empare du Consul romain, le promène ignominieusement dans la ville et le fait précipiter du haut de la tour après l'avoir abreuvé d'humiliations ; ici, c'est un Henri VI qui, après avoir inondé de sang la Sicile révoltée contre son despotisme, fait attacher sur une chaise rouge le dernier rejeton des rois de cette Isle, lui fait clouer sur la tête une couronne de cuivre brûlant et joint à la plus attroce barbarie, l'ironie la plus révoltante; plus loin, c'est un Vinceslas qui, toujours accompagné du bourreau qu'il appele son compère, fait impitoyablement passer au fil de l'épée tous les juifs qu'il peut rencontrer à Spire.

Citoyens, ces crimes sont affreux; ils commandent l'indignation; ils étouffent tout sentiment de pitié. Mais de tous les princes barbares qui ont successivement tyrannisé la Germanie, il n'en est pas dont la politique meurtrière, dont les fureurs et le despotisme ayent ensanglanté plus de contrées et dévoré plus de victimes que l'infernale Maison d'Autriche. Il serait peut-être difficile de trouver en Europe un seul réduit qui n'ait été le témoin de quelqu'une de ses perfidies. Maîtresse d'un empire vaste, puissant et redoutable, cette ambitieuse famille n'épargna jamais rien pour établir ses projets de domination universelle. Dissimulation, ruptures, trahisons, corruptions, assassinats, tout fut employé par les lâches descendans de Rodolphe, pour asservir le genre humain. Vous le savez, généreux habitans de l'Helvétie, vous en qui le despotisme insupportable d'un Albert fit éclore ces sentimens magnanimes, précurseurs ordinaires de la liberté; vous qui, réduits à vos propres forces, sûtes fixer la victoire dans les défilés de Morgarten, et plus heureux que les Spartiates, suppléer aux armées qui vous manquaient par un courage inébranlable. Vous le savez malheureux Italiens qui, courbés sous le double joug de la thiare et de l'aigle impériale, avez vu si souvent vos plaines jonchées de cadavres et vos fleuves teints de sang humain. vous le savez Bohêmiens, Hongrois, Flamands, vous qui fûtes décimés tant de fois; vous qui, toujours révoltés et toujours soumis, éprouvâtes si cruellement tout le poids de la vengeance d'un Charles-Quint, d'un Léopold et d'un Charles VI. Tu le sais toi-même, ô ma Patrie! qui fus toujours pour l'Autriche un objet de spéculation et d'envie! toi qui, déjà courbée sous le fardeau de la tyrannie Capétienne, fut encore si souvent obligée de lutter contre les forces réunies du despotisme Autrichien. Combien de fois tes provinces n'ont-elles pas été ravagées par ses barbares satellites! Que de villes saccagées et livrées au pillage! Que de citoyens égorgés! Habitans de Therouanne et d'Hesdin, vous n'oublierez jamais que le barbare Charles-Quint fit passer vos ancêtres au fil de l'épée. France, tu n'oubliera jamais qu'en mariant à ton dernier tyran la sœur de l'hypocrite Joseph II, l'Autriche chercha l'occasion de se venger plus sûrement, de s'approprier tes dépouilles, de ruiner tes finances, et de te rendre doublement malheureuse en t'assujétissant aux volontés capricieuses d'une moderne Messaline.

C'est particulièrement depuis la révolution qui nous a rendus libres, que la Maison d'Autriche a redoublé d'efforts pour éteindre sa haine dans le sang des Français. Unie de politique et d'intérêts avec l'infâme Cabinet de Saint-James, que n'a-t-elle pas fait, quels moyens odieux n'a-t-elle pas employé pour les replonger dans l'esclavage! C'est sous ses auspices et dans les dépendances de l'autorité impériale que fut conclu dès 1792 ce fameux traité de Pilnitz, qui avait moins pour objet de rétablir l'ancienne autorité monarchique que de déchirer la France et de la partager, ainsi que la malheureuse Pologne, entre les puissances coalisées. C'est l'Autriche qui accueillit les émigrés, qui forma de ces traîtres une armée d'auxiliaires, qui laissa s'établir à Coblentz cette cour ridicule, où les valets d'un roi qui nous trahissait, calculaient froidement les moyens de retourner en France par un chemin de sang et de carnage. C'est-elle qui salaria le traître Dumouriez, marchanda honteusement la défection de nos braves armées, et se couvrit dès-lors d'un opprobre éternel, en faisant arrêter, contre le droit sacré de la nature et des gens, un Ministre français et trois Représentans du peuple ; c'est-elle qui fit éprouver à ces mandataires respectables toutes les horreurs de la plus odieuse captivité ; c'est-elle qui, dans les murs même de Vienne, provoqua les insultes faites à l'Ambassadeur Bernadotte, et l'exposa à toutes les fureurs d'un peuple mutiné ; c'est-elle qui, vaincue de toutes parts, épuisée dans toutes ses ressources, menacée jusque dans sa capitale, n'arrête la valeur de nos armées et ne signe le traité de *Campo-Formio* que pour se liguer avec de nouveaux ennemis et se ménager de nouveaux

B iv

moyens d'asservir une république dont elle redoute le voisinage et les principes ; c'est-elle enfin, c'est l'atroce François II qui, pour mettre le comble aux forfaits de ses pères vient de tremper ses mains dans le sang de nos Ministres.

O Vengeance, toi qui n'es qu'un vice méprisable dans les ames faibles et dans les circonstances ordinaires de la vie, mais qui deviens une vertu quand il s'agit de punir les outrages faits à l'humanité ! Vengeance, prête-moi tes accens ! abandonne pour un moment ce séjour de ténèbres où ta relégué la colère des Dieux ; viens imprimer dans le cœur de tous les Français cette horreur salutaire, cette indignation profonde que doit inspirer le plus lâche et le plus atroce de tous les crimes. Vengeance ! viens t'emparer de toutes nos forces, de tous nos sentimens, de toutes nos facultés ; fais bouillonner dans nos veines ce sang impétueux que la nature semble distribuer plus particulièrement aux hommes vraiment dignes de la liberté. Vengeance ! ! ! ! réunis autour de nous tous les attributs de ta puissance ; exhume ces milliers de Français immolés à la tyrannie des despotes ; réunis leurs ossemens épars ; présente à nos yeux effarouchés ces Spectres lugubres ; évoque les Eumenides et leur serpens. Vengeance ! ! dirige nos armées, conduis leur courage, double leur impétuosité, fixe la victoire et remets en nos mains l'infâme assassin de nos Ministres !

Vil Despote ! infâme Autrichien ! tu n'avais donc pas assez trouvé de crimes dans la succession de tes aïeux. Le sang que ces barbares ont répandu, celui que tu as versé toi-même ne suffisait donc pas à ta fureur? Il te fallait encore trois victimes, et dans ta rage délirante, tu les as choisis parmi les Représentans de trente millions d'hommes libres. Tigre féroce, as-tu pu croire qu'un tel crime resterait impuni? as-tu pu croire qu'il te serait facile de nous tromper et sur l'objet et sur les auteurs de cet exécrable assassinat! Non, non, la France connaît assez tes intentions perfides, et le sang impie qui coule dans tes veines pour démêler dans les circonstances caractéristiques de cet horrible forfait la main invisible et sacrilège qui a dirigé le poignard assassin. Vil parjure, tu n'avais signé la paix que pour épier l'occasion de nous égorger plus sûrement. D'accord avec les tyrans de Pétersbourg, de Constantinople et de Londres, tu nous mettais à prix quand, dans ta noire hypocrisie, tu protestais de ton désir sincère d'arrêter l'effusion du sang; enfin quand, au milieu de nos victoires, la France libre et généreuse te présentait l'olivier de la paix, tu nous préparais des poignards et nous rivais des chaînes.... Des chaînes aux Français!!! quelle puissance humaine oserait donc encore entreprendre de nous asservir? Quels despotes oseraient encore assez méconnaître la force et la majesté d'un peuple libre, pour former le projet insensé de nous replonger dans l'esclavage? N'avons-nous pas autant de soldats intrépides que de républicains vertueux? N'avons-nous pas ces bataillons de héros dont les champs de Fleurus et d'Arcole attesteront éternellement la gloire et le courage ? Ne conservons-nous pas dans nos cœurs cette sainte horreur de la tyrannie, qui renverse tous les obstacles, brave tous les dangers et captive la victoire ?

N'espère donc pas, abominable tyran, réduire les Français en servitude. Les forces réunies des deux mondes pourraient les anéantir, mais non les enchaîner. Plus que toi fidèles à nos sermens nous combattrons jusqu'à la mort. Nous jurons sur les tombeaux de tes victimes, nous jurons sur ces torches funèbres ; nous jurons sur ces crêpes lugubres, monumens horribles de ta barbarie, de ne poser les armes que quand nous aurons satisfait à la vengeance nationale et à la majesté d'un peuple outragé dans l'objet de ses plus tendres affections. Nous jurons d'anéantir ton exécrable famille et de purger la terre d'un monstre qui, depuis trop long-temps, la souille de sa présence. Mais tu répondras au genre humain, tu répondras aux Dieux du sang innocent qui va se répandre. Puissent les ombres errantes des victimes immolées à ta fureur, se présenter sans cesse à tes regards, te suivre, te presser et t'inspirer une éternelle frayeur. Puisse la nature ensanglantée par tes crimes t'offrir à chaque instant le tableau hideux de la misère et de la désolation. Puissent les vers rongeurs qui dévorent dans les tombeaux tant de milliers d'hommes libres, abandonner leurs dépouilles fétides, s'élancer sur ton diadême, et sillonner ton front décharné ! Puisse tes oreilles être toujours frappées de ce concert unanime de malédictions qui, se prolongeant d'un pôle à l'autre, annonce le deuil général de l'humanité. Puisses-tu, dévoré de remords, rongé de chagrins et d'inquiétudes, plus livide et plus effrayant que la mort elle-même, errer sans cesse dans les deux hémisphères, épouvanter les hordes les plus sauvages, et ne trouver enfin d'asyle que dans les antres profonds des bêtes féroces.

Peuples de tous les pays, et vous sur-tout nations européennes qui partagez notre indignation, réunissez-vous contre un monstre qui désole la terre. Sa rage n'est pas encore assouvie ; le sang Français ne suffit pas pour étancher sa soif ardente. Généreux alliés, vous qui sentez toute la justice de notre cause, et qui regardez la guerre comme le plus grand fléau du genre humain, partagez avec nous l'honneur d'anéantir un barbare qui a juré de la rendre interminable. Déjà les rapports qui vous ont été faits par vos Plénipotentiaires à Rastadt ont pu vous instruire de toutes les machinations, de tous les détours secrets employés par la cour de Vienne pour retarder l'instant si désiré d'une pacification universelle ; ils ont pu vous apprendre toutes les circonstances de l'assassinat affreux commis sur la personne de nos Ministres. Ils ont pu vous peindre et la fureur des sicaires, et l'état horrible de leurs victimes mutilées. Ah ! sans doute ils n'ont rien négligé pour faire passer dans votre ame les sentimens d'horreur dont ils furent pénétrés à la nouvelle de cette violation du droit des gens; les précautions que leur suggéra l'humanité pour épargner ou prévenir un crime qu'ils semblaient prévoir, le généreux empressement avec lequel ils sollicitèrent l'infâme commandant de Rastadt d'assurer à nos Ministres toute la protection dont on devait les environner, les plaintes amères qu'ils laissèrent exhaler, contre les auteurs de ce forfait, la recherche qu'ils provoquèrent et qu'ils firent eux-mêmes de l'infortuné *Jean Debry*, errant de forêts en forêts pour échapper à ses assassins et sauver les derniers restes d'une vie chancelante ; toutes ces marques de sensibilité, d'attendrissement et d'indignation nous ont démontré quelles traces profondes cet horrible évènement avait laissé dans leur cœur, en même temps qu'elles ont signalé à l'Europe cette intimité sentie, ces rapprochemens heureux qui unissaient les Plénipotentiaires des nations dans le grand œuvre de la pacification générale.

Romains, Bataves, Cisalpins, Helvétiens, vous qui devez à la France d'avoir conquis une liberté dont vous êtes si dignes, et à laquelle il ne vous eût peut-être jamais été permis d'aspirer, volez au secours de la république mère. Déjà vous avez partagé son indignation, venez partager ses efforts, ses périls et sa gloire. La cause de la liberté doit être commune à toutes les nations libres. Une république outragée doit trouver des auxiliaires et des vengeurs dans tous les gouvernemens où la souveraineté du peuple est reconnue comme le premier de tous les droits. Formez de nouveaux bataillons, réunissez toutes vos forces ; inspirez à vos soldats cette énergie mâle et vigoureuse qui les conduisit tant de fois à la victoire, et dont nous avons encore besoin pour assurer la cause des peuples contre le despotisme de ses oppresseurs. Songez, songez sur-tout que de nos succès ou de nos revers dépend essentiellement votre salut ou votre perte. Si nous pouvions être vaincus, quels maux affreux n'éprouveriez-vous pas vous-mêmes ? Vos villes saccagées, vos habitations incendiées, votre population décimée, vos épouses déshonorées, vos enfans égorgés dans leur berceau; tel serait peut-être le moindre terme de la férocité des vainqueurs. Mais détournons ces idées sinistres et accablantes. Non, les Français ne serons pas vaincus : forts de leur propre puissance et des secours de leurs amis, ils dissiperont encore ces hordes de barbares qui n'attendent peut-être qu'un rayon de lumière pour suivre leur exemple. Les sommets sourcilleux des Alpes verront encore se déployer ces nombreuses phalanges dont l'attitude imposante et fière fit tant de fois trembler les ennemis acharnés de notre indépendance. Le Rhin, le Danube et l'Éridan se réjouiront encore de nos victoires, et rouleront dans leurs flots courroucés les nouvelles victimes du despotisme Autrichien.

Oui, vous serez vengés, mânes respectables, généreux martyrs de la liberté; si vous avez péri pour notre cause, nous saurons combattre et mourir pour la vôtre. Les Français libres et reconnaissans n'oublieront jamais votre généreux sacrifice; les pères l'apprendront à leurs enfans, les instituteurs à leurs élèves, le peuple français à tous les peuples du monde. Ombres chéries, planez sur nos têtes, planez sur nos armées; partagez les destinées de la

France au sein de votre immortalité. Ouvrez-vous monumens funèbres, laissez apercevoir à chacun de nous les membres encore palpitans de *Roberjot* et de *Bonnier*; approchez Français de tous les âges et de tous les sèxes, et voyez ce qui vous reste encore de deux sincères amis de la liberté ; comptez leurs blessures mortelles ; calculez la fureur de leurs bourreaux, et, dans un concert unanime d'indignation, faisons entendre ce cri d'allarme déjà gravé sur nos portiques :

Vengeance ! ! ! guerre à mort à l'infâme Maison d'Autriche.

Le même Orateur a lu l'ode suivante qu'il a composée :

ODE
A LA VENGEANCE.

Jadis malheureuse et tremblante
Sous le despotisme des rois,
La France libre et triomphante
Venait de conquérir ses droits.
Elle avait fixé la victoire
Des bords du Nil aux bords du Rhin ;
Les Échos répétaient sa gloire
Du Liban jusqu'à l'Apennin.

En punissant dans l'Helvétie
Les despotes de Frawemdel,

Elle avait purgé la Patrie
Des enfans de Guillaume Tell.
Les Bataves par son courage
Avaient conquis la Liberté,
Et Rome vers son premier âge
Retournait avec majesté.

Vainqueurs de l'aigle impériale
Et de ses perfides complots,
Les Français vers sa capitale
Avaient dirigé leurs drapeaux.
Subjugué dans mille batailles,
L'Autrichien épouvanté
Tremblait de voir dans ses murailles
Les soldats de la Liberté.

A cette cour audacieuse,
Malgré ses énormes forfaits,
La France humaine et généreuse
Se plaisait à donner la paix ;
Quand soudain, par un crime atroce,
De nos Ministres à Rastadt,
(*) François, dans sa rage féroce,
Ose ordonner l'assassinat.

Zéphirs, de votre douce haleine
Cessez de caresser les fleurs ;
Aimables ruisseaux, dans la plaine
Cessez vos murmures flatteurs.
Arbres dépouillez la verdure ;
Cyprès remplacez le tilleul ;

(*) L'Empereur.

Tout est triste dans la nature
Lorsque la nature est en deuil.

Dans tes chants, tendre Philomèle,
Rends nos chagrins, peins notre cœur;
Et toi, plaintive tourterelle,
Viens roucouler notre douleur.
Sous ces monumens funéraires,
Voués à l'immortalité,
Reposent deux amis sincères
Des Lois et de la Liberté.

Français, suspendez vos allarmes,
Un froid chagrin ne suffit pas:
A l'envi reprenez les armes,
Et marchez à d'autres combats.
Sur ce funèbre sarcophage
Aiguisés vos traits redoutés;
En les vengeant, rendez hommage
A vos Ministres immolés.

Ô passion toujours brûlante,
Vengeance! descends dans nos cœurs;
Allumes-y la flamme ardente
De tes implacables fureurs.
Sous le poids de notre colère
Fais succomber un assassin;
Dirige notre ardeur guerrière
Sur ce bourreau du genre humain.

Grand Jupiter, prends ton tonnerre!
Neptune, saisis ton trident.

Dieux

Dieux du ciel, des eaux, de la terre,
Aidez notre ressentiment.
Vainqueur du lion de Némée,
De ton bras ferme et vigoureux,
Étouffe une race effrénée
Dont l'existence insulte aux Dieux,

Ouvrez-vous, portes du Ténare,
Et vous, précipices affreux,
Recevez l'ombre d'un barbare
Digne de ses cruels aïeux
Que dans sa rage sanguinaire,
Agité sur les sombres bords,
Il recherche en vain la lumière
Et ne trouve que des remords.

Venez partager notre chance,
Romains, Cisalpins, Hollandais;
Vous qui reçûtes de la France
Le plus signalé des bienfaits.
Enfans chéris de la victoire
Enfin, le sort en est jeté ;
Il faut, ou se couvrir de gloire,
Ou mourir pour la Liberté.

Rois alliés, Peuples fidèles,
Qui savez respecter l'honneur ;
Éole, dejà sur ses ailes,
Vous a porté notre douleur.
De nos invincibles bannières
Partagez la juste fureur ;

Vous êtes nos amis sincères,
Puisque vous frémissez d'horreur.

Germains, de votre léthargie
Sortez enfin, et levez-vous ;
Si vous voulez une patrie,
Devenez libres comme nous.
D'un tyran vil et sanguinaire,
En brisant le sceptre assassin,
Reprenez cette audace altière
Qui soumit l'empire Romain.

Ardens amis de la Patrie,
Illustres martyrs d'un tyran,
Nous le jurons, ce crime impie
Va recevoir son châtiment.
Dans sa colère furibonde,
(*) François ne peut nous échapper,
Le ciel, l'enfer, la terre et l'onde
Conspireront pour nous venger.

Le Cit. *Chauveau-la-Fuie*, transporté de la fureur poétique et de l'indignation républicaine a du haut de la tribune exhalé ses transports en langue du Pinde dans l'ode suivante :

ODE

Sur l'assassinat des Plénipotentiaires Français.

Pourquoi ces drapeaux funéraires ?
Pourquoi ces funestes apprêts ?

(*) L'Empereur.

Quels bras féroces, sanguinaires
Font croître ces sanglans cyprès,
Et rougis du sang de nos frères,
Couvrent la terre de forfaits
Toujours inconnus à nos pères !....
Accent profond de la douleur,
Prolongé dans toute la France,
Cri fatal : *Vengeance ! vengeance !*
Va des tyrans percer le cœur !

———

Lâches ennemis de la France,
Ne cesserez-vous donc jamais
D'opposer, dans votre démence,
Les assassinats aux bienfaits,
Et la fureur à la clémence !...
Le ministre d'un Dieu de paix,
A notre Envoyé sans défense,
Fit subir un sanglant trépas ;
Et dans Rome, à nos lois soumise,
Ce chef turbulent de l'église
Promène impunément ses pas !

———

Dans leur course noble, hardie,
De nos soldats le bras vainqueur
Subjuguant toute l'Italie,
S'arrête au nom d'Ambassadeur ;
Et d'une implacable ennemie
Lacombe éprouve la fureur !
Tout Français gémit en Turquie
Dans les fers du fier Ottoman,
Lorsqu'avec sa nombreuse escorte,
Chez nous l'Envoyé de la Porte
Étale l'orgueilleux croissant.

Épris de quels horribles charmes,
Jusqu'à quand, cruels potentats,
Au milieu du sang, des allarmes,
Poursuivrez-vous vos attentats :
De vils poignards, voilà vos armes ;
Des bourreaux, voilà vos soladts ;
Sur le sein de l'épouse en larmes,
L'époux déchiré par vos mains,
Voilà votre belle victoire :
Pour vous le temple de la gloire
Est l'échaffaud des assassins.

Docile à la voix qui l'ordonne,
Le frère d'un grand empereur
A chassé notre Ambassadeur
De la Diète de *Ratisbonne* :
A *Rastadt* il entre en vainqueur,
Alors sa raison l'abandonne ;
Et dans l'ivresse des succès,
Consultant son aveugle rage,
Il change en un champ de carnage
Le Temple sacré de la paix.

Dans une noble confiance
De nos trois Pacificateurs
Le simple cortège s'avance....
Aussitôt les exécuteurs,
Du crime ourdi long-temps d'avance,
Cherchent l'objet de leurs fureurs :
Leur nom est leur seule défense,
Et ce nom les livre aux bourreaux..
Sur la terre qu'elle épouvante

Je vois leur dépouille sanglante
Rouler sous les pieds des chevaux.

Troupe vile qui mis ta gloire
A prêter tes serviles mains,
Au complot dont l'horrible histoire
Souillera les fastes humains,
Si nos neveux peuvent y croire ;
De nos braves les coups certains
Paieront ton indigne victoire :
Ils répondront dans les combats,
Aux trames sourdes, infernales,
Aux massacres des cannibales
Par le courage des soldats !

Ô famille à jamais maudite ;
Ô race illustre de brigands.... ;
L'esprit prophétique m'agite
Entends ces terribles accens....
Sur les pas des bourreaux en fuite
Je vois nos bataillons pressans :
Je les vois dans Vienne détruite,
Foulant aux pieds les oppresseurs,
Dans leur fureur que rien n'égale,
Étouffer l'aigle impériale,
Sous le bonnet aux trois couleurs.

Du haut des demeures sacrées,
Séjour bienheureux des Héros,
Ombres illustres, révérées,
Voyez les fleurs sur vos tombeaux ;

Voyez nos ames ulcérées
Et nos pleurs : en lisant ces mots :
Par la mort de ces deux Français,
Si la Patrie est désolée,
C'est qu'à la terre consolée
Ils voulurent donner la paix.

Famille qui leur fut si chère,
Et qui pleure sur leurs destins,
Tu réclames dans ta misère
Et tes amis et tes soutiens
Que réclame la France entière,
Vos cris, malheureux orphelins,
Appelent vainement un père :
Teintes d'un sang versé pour nous,
Et vous, épouses gémissantes,
Vous montrez vos robes sanglantes
Et vous demandez vos époux !....

Alliés, vous dont le courage
Seconde contre les tyrans
Nos fureurs, notre sainte rage,
Roulons tous comme des torrens
Sur cette terre de carnage.
De nos Ministres expirans
Déployons la sanglante image ;
Vivans ils voulurent la paix,
Que sur leur mort la paix se fonde ;
Que la félicité du monde
Soit le prix du sang des Français.

Les applaudissemens répétés et les cris réitérés de *vengeance ! vengeance !* ont souvent interrompu la lecture des discours et des pièces de poësies, lecture entremêlée d'airs funèbres et suivie du chant de l'hymne sacré : *Allons enfans de la patrie.*

Le Président a proclamé les noms des conscrits de cette commune, il a annoncé que tous avaient obéi à la loi du 28 Germinal, et qu'aucun n'avait été sourd à la voix de la patrie, » c'est, a-t-il ajouté, avec bien de la satisfac- » tion que je rends aujourd'hui ce témoignage » à ces jeunes défenseurs, et que je suis auprès » de leurs parens l'interprète de la reconnais- » sance publique. » *Vengeance! vengeance! vive la République,* s'est-on écrié. Il a terminé la cérémonie par cette imprécation :

» Le peuple français dévoue le tyran d'Autriche aux furies; il dénonce ses forfaits au monde indigné, il en appele à tous les peuples, à ses fidèles alliés, à son propre courage; il charge les républicains de sa vengeance. »

Guerre à l'Autriche! vengeance! vengeance! vengeance !

Le cortége réuni s'est avancé au pied du monument, et chaque Fonctionnaire public y a déposé le cyprès qu'il tenait à la main ; on a retourné à la Maison commune dans le même ordre qu'on en était parti.

Telle a été cette fête funèbre, la plus régulière et la mieux ordonnée de toutes celles qui ont été célébrées dans cette commune ; le républicanisme et les arts ont concouru à sa pompe. Si le soin que les Administrations ont pris de réveiller par cette solemnité l'esprit public, d'alimenter la haine de la tyrannie, de semer dans les cœurs l'indignation contre un gourvernement sanguinaire, obtient les succès qu'elles en espèrent, leurs vœux seront remplis.

Signé BOURGEOIS, *Président.*

Pour copie conforme,

Signé GAULTIER, *Secrétaire-greffier.*

A POITIERS,
De l'Imprimerie de BARBIER. An VII.

www.ingramcontent.com/pod-product-compliance
Lightning Source LLC
Chambersburg PA
CBHW070707050426
42451CB00008B/528